AF336126

ÉCOLE RÉPUBLICAINE

DE

L'ENSEIGNEMENT DANS UNE DÉMOCRATIE

PREMIÈRE PARTIE

DE L'INFLUENCE DE L'ENSEIGNEMENT RELIGIEUX
SUR LES MŒURS

XII

IMPRIMERIE EUGÈNE HEUTTE ET Cᵉ, A SAINT-GERMAIN.

ÉCOLE RÉPUBLICAINE

DE L'ENSEIGNEMENT DANS UNE DÉMOCRATIE

PREMIÈRE PARTIE

DE L'INFLUENCE DE L'ENSEIGNEMENT RELIGIEUX
SUR LES MŒURS

PAR

ÉMILE SAUVAGE

*Il est plus aisé de dire des choses
nouvelles que de concilier celles
qui ont été dites.*

(VAUVENARGUES.)

XII

PARIS

LIBRAIRIE UNIVERSELLE ET BIBLIOTHÈQUE DÉMOCRATIQUE

GODET JEUNE

9, PLACE DES VICTOIRES, 9

1875

DE
L'ENSEIGNEMENT
DANS UNE DÉMOCRATIE

AVERTISSEMENT

Le travail que nous offrons aujourd'hui au public a été divisé en quatre parties qui paraîtront successivement, savoir :

1º De l'influence de l'enseignement religieux sur les mœurs ;

2º De la misère et de la morale ;

3º De l'éducation de l'enfant ;

4º De l'enfant et du citoyen.

La question de l'enseignement étant une des plus complexes, nous avons cru devoir la traiter partiellement, afin de donner à notre travail le plus de clarté possible et d'éviter ainsi à nos lecteurs les fatigues que fait naître une étude que la corruption des pouvoirs a rendue laborieuse et ingrate pour tous.

DE
L'ENSEIGNEMENT
DANS UNE DÉMOCRATIE

INFLUENCE DE L'ENSEIGNEMENT RELIGIEUX
SUR LES MŒURS

Dans le cours de notre publication, nous avons cherché quels étaient les caractères d'un gouvernement légitime, et, en même temps, nous avons exposé l'influence morale considérable qu'un gouvernement exerçait sur le peuple qu'il administrait.

Nous avons vu que si un gouvernement repose sur la contradiction, son autorité était immorale et que les caractères premiers d'une telle autorité étaient d'affaisser les caractères, de forcer la conscience, et par suite, d'exciter les âmes délicates à la révolte.

Enfin nous avons dit que l'éducation du peuple était la seule garantie de l'ordre moral, et de là, nous avons conclu que si le peuple est passionné et ignorant, le seul coupable est l'Etat.

Cependant, considérant les origines et le développement de la Monarchie en France, il nous a été facile de constater que nos gouvernements relevaient de l'Eglise catholique et que si l'Etat avait sa part dans l'administration générale de la Nation, l'Eglise avait toute la direction de l'éducation du peuple; or, le peuple nous apparaissant aujourd'hui tel que l'histoire nous le fait connaître à toutes les époques précédentes, nous avons dû accuser le clergé et le rendre responsable de la corruption de nos mœurs et de notre ignorance.

Autrefois, pour satisfaire les ambitions personnelles d'un Evêque ou d'un Pape, d'un roi ou d'un prétendant, on égorgeait les peuples au nom de la religion; aujourd'hui, on soulève les populations au nom de la Liberté et on les fait égorger au nom de l'ordre moral au profit du capital.

Depuis 1789, le peuple a obéi successivement aux grands principes de la révolution, au militarisme, à la restauration, à la charte, au roi constitutionnel, au gouvernement électif, pour revenir, après la tyrannie la plus affreuse et les désastres les plus navrants, à la forme républicaine.

L'administration politique a-t-elle changé?

L'éducation du peuple est-elle devenue meilleure?

Le peuple a des aptitudes nouvelles, c'est vrai. Mais a-t-on fait quelque chose pour les féconder ou pour les développer?

On veut que le peuple soit responsable de ses iniquités, pourquoi ne pas vouloir rendre responsable le gouvernement dont les abus, les erreurs et les contradictions engendrent ces iniquités?

Le peuple sait ce qu'il veut; vos écoles, vos institutions l'ont fait ignorant. Pour être incapable, est-il donc coupable ?

Le peuple sent que la République est la dernière forme politique des peuples civilisés.

La Raison reconnaît que le sentiment du peuple est le dernier mot de la science et de la morale; la conscience l'exige.

Vous qui êtes dépositaires de la volonté du peuple, soyez justes, dévoués, loyaux envers les intérêts du Pays, soyez amoureux de l'honneur de la Patrie et avec ces qualités inséparables de votre mandat ne comprenez-vous pas la puissance du républicanisme?

Votre autorité sera d'autant plus respectée, qu'elle sera plus en rapport avec la Justice, c'est-à-dire avec la Raison, la vraie Science et la Conscience.

Il ne tient qu'à vous de devenir de grands citoyens en mettant un terme à ces malheurs publics qui ont, hélas! déjà fait tant de victimes, qui ont accompli tant de ruines, qui ont fait tant de veuves et tant d'orphelins, qui ont couvert la Patrie de deuils et la société de haines et de passions.

Vous dites que le peuple est corrompu, et en cela vous n'avez que trop raison.

Vous reconnaissez que son éducation est mauvaise, et vous exprimez une vérité malheureusement trop vraie.

Vous reconnaissez donc qu'il réclame d'urgence des institutions nouvelles.

Voyez les causes qui ont produit cette corruption, cette éducation mauvaise, et agissez. Instruisez le peuple, et vous en ferez un soutien inébranlable, et un protecteur aussi vigilant qu'actif, de toute loi équitable.

Mais instruire est un mot équivoque qui présente autant de sens que celui qui l'explique a de points de vue différents.

Pour nous débarasser de toutes les discussions, que l'interprétation de ce mot peut faire naître, il nous suffit de définir l'éducation ; et nous dirons : l'éducation consiste à développer dans l'enfant par les exercices combinés du corps et de l'esprit toutes les aptitudes, toutes les facultés inhérentes à la nature humaine afin de l'amener par son propre jugement à comprendre ses droits et l'importance des devoirs qu'il a à accomplir dans la société.

L'instruction alors, n'est qu'une somme plus ou moins détaillée des connaissances des principes de la morale naturelle et des principes auxquels se rattachent les sciences d'observation.

Ainsi, pour principe d'éducation, la liberté basée sur la morale.

Pour l'instruction, les sciences d'observation basées sur le raisonnement.

En effet, pour un démocrate, l'éducation doit premièrement donner au corps tous les soins que réclame son développement, et quand celui-ci aura toutes les forces nécessaires, pour répondre aux aptitudes et aux facultés de l'esprit, on fera cette seconde éducation selon les principes incarnés de la raison pure.

C'est-à-dire : Dieu, l'humanité, la famille, la société, l'individu.

Cela fait, l'imagination pourra soumettre à l'examen de la raison toutes les théories philosophiques, toutes les doctrines religieuses sans que la raison soit compromise dans sa nature.

Alors tous les hommes, à science égale ou inégale, auront, pour la science sociale, les mêmes principes, les mêmes fins, le même esprit.

La logique ne change pas de principe en changeant de cerveau.

Telle est l'éducation selon le programme d'un démocrate, parce que cette éducation est la seule qui puisse développer l'initiative de chacun.

La République est une forme politique si indépendante qu'elle ne demande que les lumières de la science, pour ne pas craindre la perversité de ses ennemis.

Dieu est éternel et les principes de la raison sont immuables.

Mais si, loin d'éveiller l'initiative, nous restons soumis aux doctrines et aux programmes qui président à notre enseignement, ne continuons pas cette éducation qui ne néglige les soins du corps et de l'esprit que pour mieux mépriser plus tard le droit et la liberté.

Considérons l'organisation de nos écoles primaires, qui est la vraie école du peuple : l'enseignement y est gratuit, dit-on, mais combien d'enfants ne peuvent les fréquenter, parce que les frais, quelque minimes qu'ils soient, sont cependant au-dessus des moyens pécuniaires de leur famille.

Ces petits frais qui en moyenne valent 15 francs par élève et par année, assurent aux écoles catholiques des Frères un immense revenu, dont les deniers sont extraits des privations déjà trop nombreuses des classes ouvrières.

Combien d'autres sont appelés par la misère ailleurs qu'à l'école?

Combien d'autres encore, fréquentent vos écoles et n'en sortent pas plus instruits et plus corrompus?

Enfin combien d'écoles où les soins de l'éducation sont inconnus ou violés ?

On vous demande pour le peuple l'enseignement obligatoire, rendez-le seulement utile, agréable. mais réellement gratuit et ajoutez pour l'enseignement primaire un repas par jour.

Interdisez le travail industriel aux enfants âgés de moins de douze ans; reculez de 4 ans l'âge de la première communion, et n'autorisez l'étude du catéchisme qu'aux élèves pourvus de certificat d'étude.

On objectera peut-être les dépenses qu'exige un tel programme; comptons-les; mais ne les exagérons pas, puis diminuons les gros traitements et les gratifications offensantes, qui en corrompant les individus, démoralisent la société.

Comptons cet argent qui jusqu'à présent n'a servi à rien de bon ; ajoutons-y même un impôt que le peuple paiera volontiers, car il connaît son mal, puisqu'il vous demande l'enseignement qu'il considère avec raison comme le seul remède à ces maux.

Enfin, observez la manière dont procèdent aujourd'hui les congrégations à l'égard des enfants indigents, à l'égard des orphelinats.

Comptez, si vous le pouvez, ce que rapportent les quêtes perpétuelles que ces religieux font pour ces jeunes victimes de la misère, alors vous comprendrez ce que ces industries odieuses gagnent et ce que la moralité du peuple perd.

En nourrissant l'enfant, vous faites disparaître les 999 millièmes de la misère publique, et vous diminuez de la même quantité l'influence des misérables criminels qui l'exploitent.

On a, il est vrai, déjà interdit la mendicité, mais on n'a offert aucun remède et le roi constitutionnel a préferé ouvrir des prisons, qui, loin d'être des maisons bienfaisantes, sont des foyers de corruption, dont l'entretien coûte plus cher à la nation, que ne coûterait l'entretien de l'école.

Nous avons connu des hommes qui, après vingt, trente, quarante ans de magistrature, soutenaient qu'on pouvait ne pas aller en prison ; mais qu'il était très-rare qu'on n'y allât qu'une fois.

Pourquoi ce singulier résultat ?

Observez les prisons, causez avec les détenus, recherchez leur initiative psychologique, et vous verrez que la pensée fondamentale dans la prison est de nier l'honneur et la vertu dans la loi et dans la société.

La différence entre leurs visiteurs et eux, c'est qu'ils sont pris et que ceux-ci ne le sont pas; les prisonniers sont de petits voleurs, les visiteurs sont de grands coquins assez adroits pour se mettre à l'abri des coups de la loi.

Réfléchissons sur ce langage, si nous n'y trouvons point une formule dont les données et les conséquences se trouvent dans l'ensemble des forces dites sociales?

En effet, après avoir observé ces malheureux moins criminels que leur langage, vous verrez quelles sont les conséquences désastreuses de toutes les contradictions sur lesquelles reposent vos lois, vos œuvres et vos institutions.

En interdisant la mendicité, vous n'avez pas interdit ceux qui ne vivent qu'en l'entretenant, et, parce que vous avez porté une loi pour punir un mal que vous n'avez pu atténuer, ce mal est devenu un agent politique dont vous avez déjà pu calculer la puissance.

La mendicité comprenant deux classes de malheureux, la misère et le vagabondage, nous comprenons qu'on la supprime, puisque nous pensons qu'on ne doit jamais la tolérer.

Mais que la société soit conséquente dans ses actions.

L'école nourrit l'enfant, donc le père et la mère n'ont plus de causes pour mendier, et vous en retirez à tous le prétexte. Le vagabondage diminuera, car vous lui aurez ouvert les portes de l'école.

Alors vos institutions faites pour moraliser, permettront l'usage de vos lois, faites pour punir.

Augmentez le budget de l'Ecole et vous dégrèverez de beaucoup le budget des prisons, de la police, etc., etc., et le budget de l'Etat y gagnera.

Vous ne détruirez pas la misère; mais vous la moraliserez.

La différence entre le gouvernement républicain et un gouvernement monarchique, c'est que le premier lutte contre la misère et que le second en fait un point d'appui.

Par la misère, on rend l'homme pusillanime et rampant, hypocrite et passionné; préliminaires indispensables à toute société dont le but est de corrompre les données du jugement du plus grand nombre par des théories captieuses et souvent mensongères.

Le but de l'enseignement républicain étant entièrement contraire, n'est-il pas clair que l'enseignement est l'institution qui réclame le plus impérieusement une transformation complète.

En effet, si nous considérons comme vrai ce que l'expérience prouve, c'est-à-dire si nous admettons que l'éducation, la méthode et l'enseignement se résument dans les lois et dans les institutions créées pour répondre à l'œuvre que ces trois éléments de toute société font naître ou développent dans chacun des membres du corps social, ne devient-il pas évident que si nous conservons les principes d'éducation qui ont formé les hommes de notre époque, nous travaillons à créer avec le temps des hommes semblables.

Or, peut-il être une contradiction plus inouïe de vouloir vivre en République, à la condition de ne rien changer à des lois, à des méthodes, à des maîtres, à des écoles, créés uniquement pour servir les principes de l'égoïsme, seules véritables clés de voûte de tous les pouvoirs monarchiques et théocratiques qui ont régné sur les peuples.

Il faut donc, si nous voulons fonder la République, que nous cessions de confier aux hommes ennemis, autant par système que par convictions, de la société civile, la direction des écoles dans lesquelles on enseigne à la mémoire des vérités qui, pour être comprises, réclament une raison puissante.

Sans ce revirement de méthode, nous travaillerons toujours au même problème, dont la solution est l'abrutissement de l'homme par l'éducation et la servitude des peuples par l'enseignement.

Ce problème, résolu depuis longtemps, a fait le tempérament national; il a brisé l'équilibre nécessaire entre les facultés de l'entendement et les données de la raison.

Aussi nos esprits sont-ils indécis, et notre raison débile répond-elle à des instincts violents.

Les hommes ne sont que des produits de l'éducation et de l'enseignement. Or, l'homme étant par essence un être moral, l'éducation religieuse est celle qui agira plus fortement, plus efficacement sur son intelligence, sur son tempérament.

En effet, si nous voulons nous rendre compte des influences que cette éducation exerce sur l'homme, comparons les Romains à l'époque des Tarquin, aux Romains à l'époque de Constantin ;

Les Grecs du temps d'Alexandre aux Grecs d'aujourd'hui ;

Les Gaulois au temps de César, aux Français du xve siècle ;

Ceux-ci aux Français de nos jours.

Comparons les Anglais, les Allemands avant et après la Réforme ; comparons enfin les chrétiens depuis Jésus-Christ jusqu'à Théodose aux Catholiques qui leur ont succédé.

Partout où nous voyons la religion se modifier, nous verrons les hommes changer de mœurs, de tempérament, de caractère et de goût.

L'histoire affirme partout ce changement de l'homme, sous l'influence des principes religieux quels qu'ils soient.

Quand le christianisme commença à être prêché, quel fut son ennemi le plus acharné ?

L'éducation ; car celle-ci ne se manifestait que par une économie sociale et politique dont les lois légitimaient la tyrannie des uns, la corruption des autres, la servitude de tous.

Aussi le combat fut-il long et désespéré.

Aujourd'hui la démocratie rencontre le même ennemi, la même résistance.

Pour empêcher la transformation des païens, les Empereurs opposèrent aux apôtres du Christ des ennemis intéressés et des supplices.

Les ennemis de la démocratie opposent aux démocrates les mêmes ennemis, les mêmes armes.

La société payenne se résumait en trois choses: un tyran, un esclave, un licteur. Les systèmes d'éducation, les lois, les modes économiques admis ont créé des esprits exaltés, résultat immédiat d'une éducation générale dont la méthode est inspirée de la pensée première de nos maîtres : *Diviser pour régner.*

La société au xixe siècle se résume en trois choses : le pouvoir, le capital, le martyre.

La société chrétienne des quatre premiers siècles se résumait en trois choses : l'amour de Dieu, l'amour du prochain, le respect de soi-même, trois points qui peuvent se traduire en un seul, le sacrifice.

Les apôtres du Christianisme ont assuré pour tous les siècles le règne de Dieu. Il faut que les démocrates, avec les mêmes principes, assurent le règne de la liberté en ruinant la méthode de ces hommes, qui ne voient dans la religion et dans l'enseignement qu'un moyen assuré de combler leurs appétits et de satisfaire à leurs passions.

Alors le principe d'éducation qui formera les générations futures sera une puissante garantie de la liberté, de la civilisation et du progrès.

Travailler à faire l'éducation du citoyen selon de

tels principes, ce n'est pas chose facile, car il faut transformer le tempérament de nos contemporains.

En effet, le tempérament c'est l'homme agissant, c'est l'homme voulant agir ; c'est l'homme ne voulant pas obéir à d'autres goûts, à d'autres habitudes, à d'autres attributs qu'à ceux qu'ont créés ou developpés en lui le milieu où il a vécu, les principes de l'éducation qu'il a reçuc.

Pour les sociétés, pour les nations, qui ignorent, ou méconnaissent les lois, qui découlent de la révélation, le tempérament est un résultat dont le module est le climat.

Les sens religieux, la raison agissant sur la nature physiologique de l'homme déterminent, par rapport à l'intérêt particulier les principes relatifs de la religion, de la philosophie, et à ces principes arbitraires ou expérimentaux se rattachent fatalement des systèmes politiques, qui alors deviennent le criterium de lois.

En effet la religion, la philosophie, la politique et les lois sans la foi religieuse ne sont que les conséquences de la manière dont l'homme conçoit et comprend le sentiment naturel que nous avons pour le bien et le beau réunis dans l'utile.

Mais nous qui reconnaissons, nous qui admirons, nous qui adorons Dieu par la révélation, notre corps subit le climat, mais notre âme ne reçoit les vérités religieuses que de Dieu.

Tel est le principe chrétien et tel est le nôtre. Mais ce principe qui est bien la base de notre morale religieuse est loin de rester identique dans l'application.

Aussi les erreurs et les abus que le culte catholique a introduits dans nos mœurs, se sont-ils réfléchis dans notre administration, dans nos lois, enfin dans nos institutions ?

De sorte qu'aujourd'hui l'avarice porte le vêtement de la charité ;

L'hypocrisie le vêtement de la vérité ;

L'égoïsme le vêtement de l'abnégation ;

La barbarie le masque de la civilisation.

Comment, sous l'influence de tels exemples, pourrions-nous arriver à la connaissance du Bien ?

Comment pourrions-nous distinguer la morale de l'utile ?

La société nous refuse tout moyen d'investigations.

Dieu seul nous permet cet examen par une étude attentive de soi-même.

Mais la société entrave tellement cette permission que le nombre de ceux qui peuvent se livrer à cette étude est des plus restreints.

En effet, quelle branche de l'enseignement nous offre les moyens de faire librement une étude attentive de soi-même ?

A quelle branche de l'enseignement admis nous adresserons-nous pour obtenir les données nécessaires à cette étude ?

Nous n'ignorons pas que nos adversaires tenteront de nous démontrer que les données de cette science sont répandues dans les branches de cet enseignement qu'ils appellent secondaire et supérieur.

Notre réponse sera courte, parce qu'elle est expérimentale.

Observez, leur dirons-nous, les hommes, et que répondrez-vous, si vous les voyez ne reconnaître les caractères du Bien que dans les choses morales et immorales qu'ils estiment nécessaires au bien-être?

Que nos adversaires se demandent pourquoi cette déviation du jugement sur le Bien, et, comme nous, certainement, ils se répondront que l'étude de soi-même appartient à la philosophie, à la morale, enfin à la religion ; et, comme nous, ils comprendront que l'étude des religions doit être dirigée selon des programmes dictés par la plus grande sagesse et discutés avec la plus grande prudence. Alors ils comprendront pourquoi on doit éloigner de cette étude la raison lente et l'ardente imagination des jeunes enfants, afin d'éliminer de cet enseignement sacré toute donnée spécieuse, obscure et surtout légendaire.

Mais sans réformes, si nous tenons compte de l'état actuel de nos sociétés, est-il possible d'amener l'étude de toutes les religions à un programme exempt de toutes ces causes occasionnelles des esprits faux et des esprits intolérants?

Est-il possible d'éviter cette folie religieuse qui n'est plus qu'un outrage à la raison humaine, qu'un mysticisme hypocrite jette en défi à la science et à la liberté?

Quelle que soit une religion, quelle que soit la grandeur des vérités et des erreurs sur lesquelles elle repose, elle est le sujet le plus grave et le plus important dans la vie des peuples.

La religion d'un peuple est tellement la source de ses crimes et de ses vertus, que les dogmes, l'esprit doctrinal, la liturgie de sa religion étant connus, par rapport aux mœurs, à l'ordre hiérarchique à la discipline de son clergé, il est aisé de déterminer son tempérament, son caractère, ses mœurs, ses lois, ses institutions, ses principes économiques et politiques, enfin le but vers lequel tend son gouvernement.

Ces relations sont tellement liées entre elles que, aujourd'hui, en France, si nous examinions en particulier la méthode et la nature des matières enseignées dans les écoles primaires tenues par les congrégations, ainsi que toutes les écoles dans lesquelles les instituteurs laïques appliquent la même méthode et enseignent les mêmes matières, nous verrions que les enfants qui ont été formés par ces maîtres, sont devenus des hommes dont toute la vie intellectuelle et sociale répond entièrement au but que ces promoteurs de toutes les servitudes se sont proposé d'atteindre.

Aussi, de nos jours, le tempérament national de la France est-il la manifestation la plus expressive d'un instinct abâtardi par une intelligence développée selon des principes aussi contraires à la morale qu'à la vraie science sociale.

Si les démocrates comprennent combien les réformes de notre enseignement s'imposent à l'avenir de la république, ils comprendront la nature des transformations que nous avons à opérer, avant d'établir les bases d'une constitution républicaine.

Quelles que soient les questions que posent les théories démocratiques, celles-ci seules portent en elles la solution de toutes les autres, car elles seules peuvent préparer des citoyens intelligents et raisonnables, capables de fonder et de conserver des institutions libérales.

Ces réformes, que l'esprit public sollicite, pouvons-nous les réaliser par des discussions quotidiennes, dont le résultat ne peut être que d'attacher à tel parti ou à telle hypothèse des hommes sincères, aussi patriotiques que légers.

Diviser l'opinion des hommes, n'est-ce pas assurer l'existence des abus que chacun a le devoir d'anéantir?

Certes, nous sommes loin de blâmer ces savantes et patriotiques discussions.

Ce que nous déplorons, c'est qu'elles entretiennent les passions, sans développer les connaissances indispensables à l'exercice du droit.

La révolution est abandonnée à la rhétorique; on énerve les esprits sans créer les institutions qu'ils revendiquent sans cesse et qu'on ne fonde jamais, et à la volonté arbitraire des monarchistes succèdent les volontés éphémères d'un républicanisme incompris.

De sorte que l'homme de l'avenir est corrompu par l'orgueil, la sottise et la brutalité de l'homme du présent.

Les démocrates ne songent pas assez qu'un peuple ne peut pas être gouverné par des théories; il faut des principes et des applications.

Or, aujourd'hui, si les principes de la démocratie étaient appliqués de la manière la plus complète, les moins disposés à recevoir les lumières et les bienfaits, seraient la plupart de ceux qui prétendent défendre la république.

En effet, parmi ces champions des idées démocratiques, il en est bien peu qui ne soient à la merci de ceux qui, ayant la douceur de la colombe, ont aussi la prudence du serpent.

L'impiété et l'ignorance sont les deux grandes armes protectrices des systèmes politiques de ces ennemis de la Liberté et avec elles ils font triompher d'abord la victime généreuse qu'ils veulent immoler plus tard : car ce sont eux seuls qui réellement gouvernent, soulèvent ou écrasent les masses.

Bientôt les démocrates se verraient contraints et forcés de sauvegarder le gouvernement nouveau par la force confiée à un pouvoir personnel et absolu, afin d'arrêter le désordre que feraient naître ceux qui conspirent contre la république, en dirigeant la conscience des hommes, et en disposant de toutes les forces morales des peuples.

Dès lors, la démocratie serait compromise et peut-être abandonnée par ses défenseurs les plus sincères.

Les démocrates doivent donc vulgariser les principes de la démocratie, afin d'en faire la propriété morale de tous les citoyens; ils doivent sur ces principes baser leurs discussions, afin d'éclairer l'opinion de tous et de chacun.

Telle devrait être la première mission du journalisme en France, et la seconde de proposer à l'éducation, à l'enseignement, des méthodes dont l'application doit former des tempéraments en rapport avec les principes rationnels de la morale et de la liberté.

Cette marche des démocrates est, à la vérité, bien lente; mais elle est assurée; elle assure le triomphe du droit et du devoir dans un temps relativement rapproché.

Cependant si pour assurer l'avènement de la démocratie, quelqu'un a un autre moyen à signaler que l'éducation des enfants; qu'il le propose, mais ne nous disputons pas pour obtenir ce que le travail et la persévérance peuvent seuls nous donner.

Si nous ne travaillons pas à rendre l'enfant raisonnable par l'étude, ne nous plaignons pas de voir des hommes ignorants, superstitieux, intéressés, servir les pouvoirs qui les dominent en les abusant.

L'enseignement donné à l'enfant jusqu'à présent nous a prouvé que l'ignorance des individus conduit à la misère sociale.

En effet, l'expérience constate chez tous les peuples que les institutions et les lois s'éloignent d'autant plus du type parfait de nos conceptions que le jugement de l'ensemble des hommes formant ce peuple, s'éloigne davantage des principes de la logique et de la justice.

Cette espèce de rapport entre le jugement des citoyens et la perfection des institutions sociales devient évident si l'on considère que les hommes habiles dans le gouvernement des choses et des esprits, ne visent qu'à une fin *dominer*.

Or, aucune institution jusqu'à présent n'a pu être fondée sous le patronage de ces hommes, à moins qu'elle ne portât en elle les principes conservateurs à l'exercice de leur domination.

89 et 48 acceptés par la nation et renversés par quelques-uns, nous ont suffisamment prouvé que les institutions libérales ne peuvent être durables que si elles sont en rapport avec les mœurs du peuple, attendu qu'il est là cause et la fin de toutes les choses dépendantes de l'économie sociale, laquelle n'est à la vérité que l'économie domestique de la famille.

Donc, tant que le peuple sera incapable d'établir les règles de l'économie sociale, il lui faudra des mandataires, des tuteurs.

Ces mandataires, ces tuteurs seront évidemment au moins des hommes privilégiés, et il est de nos mœurs catholico-monarchiques, de sévir contre des subalternes ou au moins de les soumettre.

Ce sentiment contradictoire se développe avec la fortune quand il ne trouve ni dans la religion, ni dans la philosophie, ni dans les hommes, aucun obstacle à son égoïsme.

Attendre que nos mandataires nous enseignent les moyens que nous devons suivre pour leur retirer tous les avantages iniques que leur procure leur gestion, n'est-ce pas attendre que le soleil l'éteigne.?

Il est dans la nature des choses que le mandant commande et que l'homme de confiance obéisse ; renverser cette proposition dans l'ordre politique, c'est jeter la confusion dans l'ordre moral, le mandant peut-être intéressé dans une question sociale ou politique, le mandataire ne le peut pas : la justice dans toute la largeur du mot, doit être son seul guide, sa seule mesure.

Les révolutions ne changent en rien cette vérité, et tant que l'homme de confiance commandera au peuple, le peuple sera impuissant et par suite dominé.

Cette domination contraire à la dignité de l'homme et de laquelle nous voulons nous affranchir, ne cessera jamais de nous opprimer sous quelque forme de gouvernement que l'avenir nous réserve, si à un moment donné nous ne nous servons pas de la propre autorité de celui-ci pour enseigner aux citoyens les règles du juste, les règles du droit.

Tant que le jugement du citoyen ne sera pas éclairé par les connaissances exactes de l'un et de l'autre, nous implorons l'injuste pour appliquer le droit; la haine et l'ignorance, pour distinguer la justice de l'iniquité.

Pour employer l'autorité des puissances à l'ombre desquelles nous vivons, il faut nous placer sous la protection des principes de la logique, car ceux-ci forment une puissance destinée à briser tout ce qui règne sans son concours.

En effet, quelle que soit l'immoralité des hommes dont la pensée agit sur la nature de notre gouvernement, la conscience humaine n'est-elle pas aujourd'hui assez puissante pour interdire à ces valets du despotisme, la défense de leurs doctrines iniques devant la cause sacrée des droits de l'homme?

Déjà ils ne peuvent plus gouverner que par des promesses trompeuses que la perfidie seule peut expliquer.

Bonaparte n'a régné qu'en trahissant la patrie, et hors la république, ils ne peuvent plus régner qu'en trahissant le peuple.

Soyons logiques, et la corruption de leurs doctrines retombera sur eux-mêmes !

Opposons l'école républicaine à l'école monarchique; à la crosse et à l'éteignoir, faisons succéder l'étendard de la liberté entouré des lumières de la science, et déclarons que nous voulons que les hommes soient préparés à servir la patrie en apprenant aux enfants de nos écoles à n'obéir qu'aux lumières de la raison.

Est-il une puissance assez inique pour tenter quelques attaques contre de telles espérances?

Est-il une puissance assez criminelle pour oser

avouer qu'elle refuse son concours à la création d'une semblable institution?

En effet, une étude rationnelle ferait avec l'enfant un citoyen dont le jugement serait la sauvegarde du salut public et un obstacle invincible contre les entreprises criminelles d'un nouveau Louis Bonaparte.

Voilà ce que dicte la raison; et ce que dicte la raison est aussi ce qu'exige un gouvernement républicain.

Un citoyen, c'est-à-dire un homme qui, comprenant sa dignité, sait la respecter, sera toujours un homme laborieux et moral.

Pour cet homme, la République sans l'enseignement réorganisé et reformé est une contradiction.

Un homme laborieux et moral échappe toujours aux étreintes de la misère; la misère n'attaque pas toujours la moralité d'un homme, mais elle attaque toujours sa dignité.

La nature des choses dans notre société, l'oblige à supporter une multitude de détails qui blessent ses sentiments ou sa personne, et avec le temps, ces premières douleurs finissent en général à établir chez lui une certaine servilité.

Toutes ces conséquences sont des plaies morales, sans lesquelles les doctrines monarchiques sont impossibles, et avec lesquelles les doctrines républicaines sont impraticables.

En effet, la République oppose à la misère la moralité et le travail ; la Monarchie n'a jamais opposé à la misère que l'aumône.

L'aumône est donc devenue un frein au droit individuel, une étoile polaire pour l'arrogant, pour l'audacieux courtisan de la fortune.

Aussi l'indigence ignorante ne recule-t-elle devant rien pour échapper à l'aumône.

Le riche ne laisse échapper rien pour contraindre à la recevoir.

L'instinct et l'ignorance du pauvre ont eu pour sauf-conduit une misère placée par l'enseignement religieux sous la double protection et de l'orgueil et de l'humilité.

Riche, dit l'interprète de la Bible ou de l'Evangile, tu es la Providence du pauvre.

Pauvre, dit le même homme, tu es le bien-aimé de Dieu ; de ta patience dans la douleur dépend ton salut.

Et avec l'enseignement sacré de la religion, le traître ou l'insensé, par des paroles douces et pleines de consolations, laisse croire à une intelligence dont il a abusé, que Dieu est le dispensateur des grandes fortunes, le père des grandes misères.

La vérité est que Dieu a imposé le travail, — le restant est l'œuvre des hommes.... Dieu est juge de cette œuvre, mais il n'en est pas l'auteur, Dieu est le principe du bien, et tout ce qui est mal a son principe ailleurs qu'en Lui.

Si le ministre de l'évangile suivait l'esprit du divin Maître dans l'enseignement de la morale (esprit

que le monde ne méprise que parce que le clergé lui
a appris à ne pas le comprendre), ce que notre société appelle les pauvres, existerait-il, et l'estime
publique aurait-elle pour mesure le capital ?

Si le ministre de l'Evangile suivait près du riche
les enseignements du maître, pourrait-il en devenir
le confident ou en rester le favori ?

Rarement les grandes fortunes sont pures dans
leur origine.

L'amour des richesses et l'amour du juste sont in-
compatibles, car le premier demande la servitude
dans le peuple et le second exige la liberté dans le
monde.

Aussi l'amour du juste a-t-il disparu de nos
mœurs et la devise du droit divin *finis coronat opus*
est devenue le bouclier de l'homme demandant la
liberté, et les peuples passent de la tyrannie la plus
avilissante aux excès de la terreur blanche la plus
criminelle.

La morale monarchique nous a appris à n'avoir
que des convictions en rapport avec nos intérêts.

Or, la liberté n'offrant à ses défenseurs que la misère et le martyre, ne trouve guère des champions
que pour l'exploiter ou pour la trahir.

Les défenseurs sincères étant combattus par les
mœurs des uns, par la perfidie des autres et par des-
sus tout par ces hommes qui, prétendant ne parler
que par le Christ, s'écrient :

« Malheur aux riches ! heureux les pauvres ! »

Le Christ aime les pauvres, non parce qu'ils ont

faim et soif, mais parce qu'ils sont les victimes de l'égoïsme du monde.

Malheur aux riches, parce qu'ils sont la cause des douleurs du pauvre.

Par ces paroles le Christ ne désigne pas le riche considéré comme personne, mais bien la richesse personnifiée dans le riche.

La richesse pour notre Sauveur n'est pas seulement l'argent, c'est le pouvoir, l'intelligence, la volonté, en un mot toutes les forces dont la puissance ne doit s'exercer que pour éteindre l'égoïsme et fonder le règne de la liberté, de légalité, de la fraternité.

« Si vous suivez mes commandements, vous con-
« naîtrez la vérité, et la vérité vous rendra libres »

« Je suis la voie, la vérité et la vie. »

Les crétins et les béats nous répondront que tout en ayant apporté la vérité au monde, le Christ n'a pas pu la faire aimer et servir par tous également, attendu que la corruption humaine est telle qu'aucun enseignement n'est capable de la détruire ou de la vaincre.

Aussi ne prétendons-nous pas établir que sous l'action de la morale chrétienne tous devraient être également vertueux.

Ce que nous affirmons en présence de l'influence que cette morale a exercée sur le monde, et, en particulier, sur nos mœurs, c'est qu'il eut été facile de nous donner des mœurs différentes, des institutions plus libérales, plus chrétiennes dans leur origine et dans leur fin, et qui eussent rendu les hommes sinon parfaits, du moins meilleurs.

Ce n'est pas un caractère particulier à la doctrine chrétienne que de soulager celui qui souffre. Le caractère de la doctrine chrétienne est tout entier dans la parabole du Samaritain, et le principe fondamental d'une institution chrétienne est d'anéantir la douleur par le travail, considéré comme le principe fondamental de la morale sociale.

Une institution dont l'esprit vise à faire de la misère la protectrice de l'ignorance, et de celle-ci le point d'appui des puissances humaines, est une institution qui appartient à tous les temps, à tous les hommes, mais qui n'a rien de commun avec la doctine enseignée dans le Christianisme.

Ces institutions, que le ministre de la religion n'a pas fondées, que son enseignement ne nous a pas inspirées; c'est à nous, citoyens, qui en reconnaissons l'utilité, l'équité, de les établir, si nous voulons garantir les droits de chacun, en assurant le règne de la justice dans toutes les questions d'économie sociale desquelles dépend notre prospérité.

———

SOUS PRESSE :

IIe PARTIE, DE LA MISÈRE ET DE LA MORALE.